Impressum
Verlag: BABADADA GmbH, Nedderfeld 112 , 22529 Hamburg
Geschäftsführer / Verlagsleitung: Harald Hof
Druck: Books on Demand GmbH, In de Tarpen 42, 22848 Norderstedt

Imprint
Publisher: BABADADA GmbH, Nedderfeld 112 , 22529 Hamburg, Germany
Managing Director / Publishing direction: Harald Hof
Print: Books on Demand GmbH, In de Tarpen 42, 22848 Norderstedt, Germany

școală
iskola

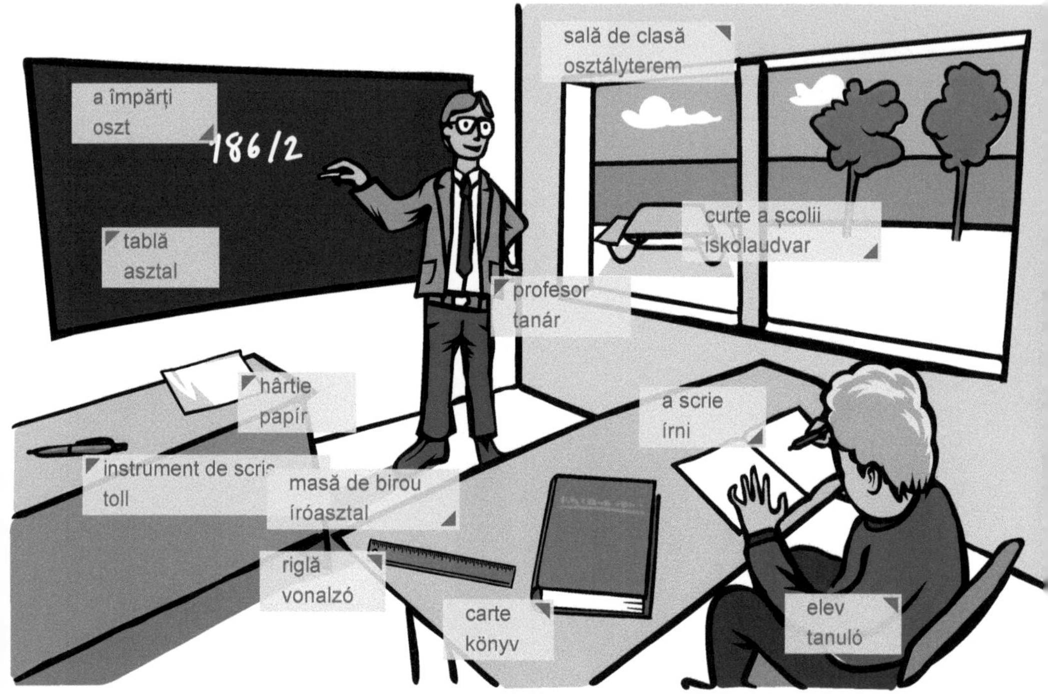

a împărți
oszt
186/2
sală de clasă
osztályterem
tablă
asztal
curte a școlii
iskolaudvar
profesor
tanár
hârtie
papír
a scrie
írni
instrument de scri
toll
masă de birou
íróasztal
riglă
vonalzó
carte
könyv
elev
tanuló

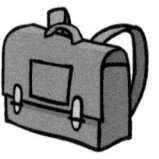

ghiozdan

iskolatáska

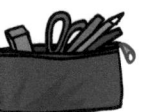

penar

tolltartó

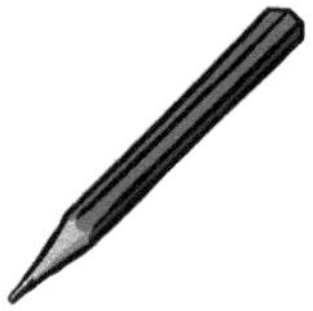

creion

ceruza

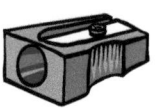

ascuțitoare

ceruzahegyező

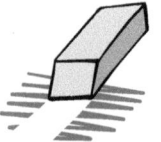

radieră

radír

bloc de desen

rajzfüzet

desen

rajz

pensulă

ecset

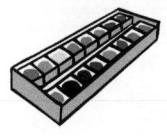

cutie de acuarele

festőkészlet

foarfece

olló

lipici

ragasztó

caiet de exerciţii

munkafüzet

temă

házi feladat

12

număr

szám

2+2

a aduna

összead

5-2

a scădea

kivon

2×2

a multiplica

szoroz

a calcula

számol

A

literă

betű

ABCDEFG
HIJKLMN
OPQRSTU
VWXYZ

alfabet

ABC

hello

cuvânt

szó

text

szöveg

a citi

olvasni

cretă

kréta

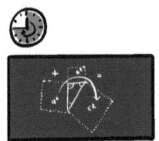

oră

tanóra

catalog

napló

examen

vizsga

certificat

bizonyítvány

uniformă şcolară

iskolai egyenruha

educaţie

oktatás

enciclopedie

enciklopédia

universitate

egyetem

microscop

mikroszkóp

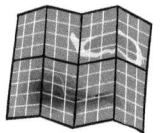

hartă

térkép

coş de gunoi

papír-hulladék gyűjtő

călătorie

utazás

hotel
hotel
hostel
szállás
ROOMS
Grand
casă de schimb valutar
valutaváltó iroda
€CHANGE
valiză
bőrönd
autovehicul
autó

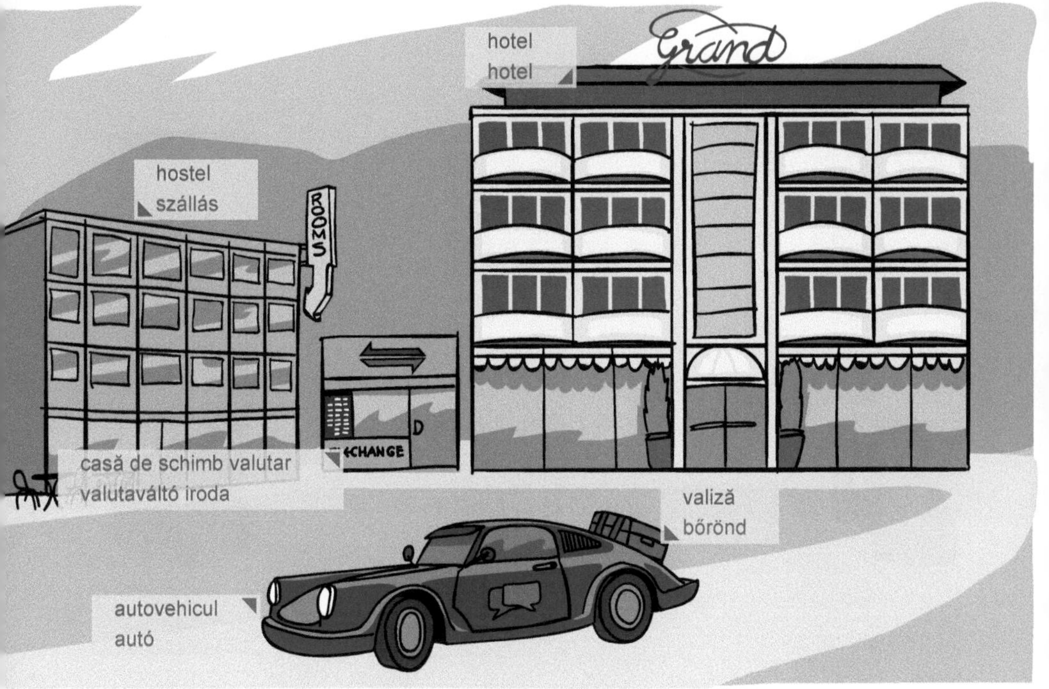

limbă

nyelv

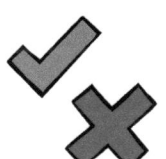

da/nu

igen/nem

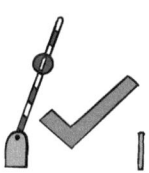

okay

rendben

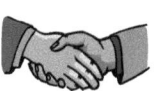

Bună!

szia

interpret

fordító

mulțumesc

köszönöm

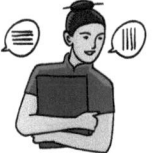

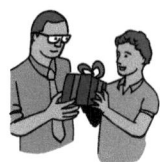

Cât costă...?

mennyibe kerül...?

Nu înțeleg

nem értem

problemă

probléma

Bună seara!

Jó estét!

Bună dimineața!

jó reggelt!

Noapte bună!

jó éjszakát!

la revedere

viszontlátásra

direcție

útirány

bagaj

poggyász

geantă

táska

rucsac

hátizsák

oaspete

vendég

cameră

szoba

sac de dormit

hálózsák

cort

sátor

punct de informare turistică

turista információ

plajă

strand

carte de credit

hitelkártya

mic dejun

reggeli

masa de prânz

ebéd

cină

vacsora

bilet de călătorie

jegy

lift

lift

timbru poştal

bélyeg

graniţă

határ

vamă

vám

ambasadă

nagykövetség

viză

vízum

paşaport

útlevél

transport

közlekedés

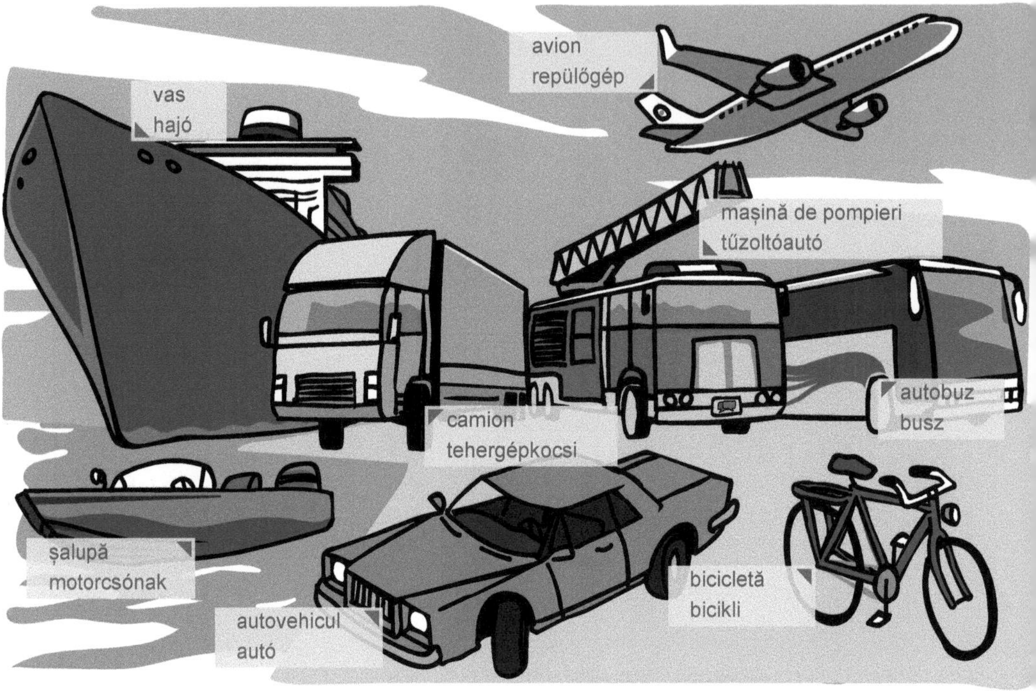
avion
repülőgép
vas
hajó
mașină de pompieri
tűzoltóautó
autobuz
busz
camion
tehergépkocsi
șalupă
motorcsónak
bicicletă
bicikli
autovehicul
autó

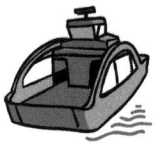

feribot

komp

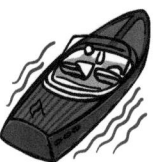

barcă

csónak

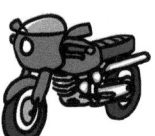

motocicletă

motorkerékpár

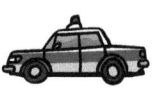

mașină de poliție

rendőrautó

mașină de curse

versenyautó

mașină închiriată

bérautó

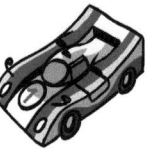

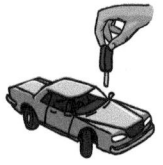

car sharing

telekocsi

mașină de tractat

vontató

mașină de gunoi

szemetes autó

motor

motor

combustibil

üzemanyag

benzinărie

benzinkút

semn de circulație

közlekedési tábla

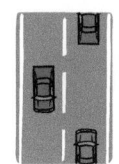

trafic

forgalom

ambuteiaj

forgalmi dugó

parcare

parkoló

gară

vonatállomás

șine

sínek

tren

vonat

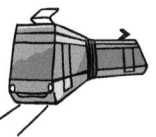

tramvai

villamos

vagon

vagon

elicopter

helikopter

aeroport

repülőtér

turn

torony

pasager

utas

container

konténer

carton

kartondoboz

căruță

taliga

coș

kosár

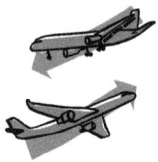

a decola/a ateriza

felszáll / leszáll

oraș
város

sat

falu

centru

városközpont

casă

ház

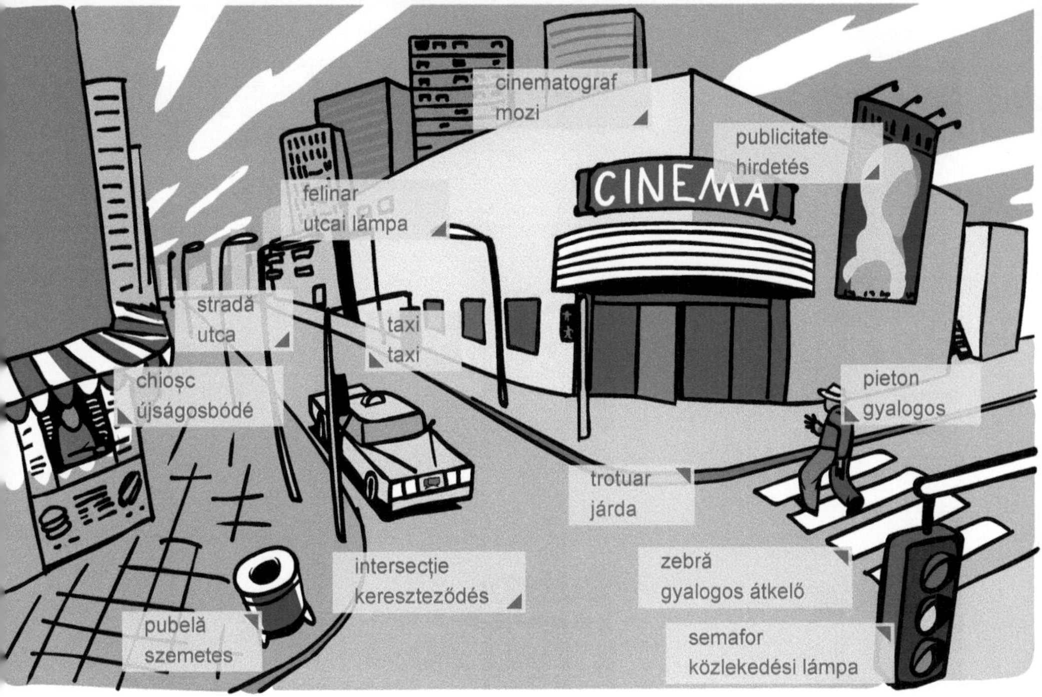

cinematograf
mozi

publicitate
hirdetés

felinar
utcai lámpa

CINEMA

stradă
utca

taxi
taxi

chioșc
újságosbódé

pieton
gyalogos

trotuar
járda

intersecție
kereszteződés

zebră
gyalogos átkelő

pubelă
szemetes

semafor
közlekedési lámpa

cabană
....
kunyhó

apartament
....
lakás

gară
....
vonatállomás

primărie
....
városháza

muzeu
....
múzeum

școală
....
iskola

universitate

egyetem

bancă

bank

spital

kórház

hotel

hotel

farmacie

gyógyszertár

birou

iroda

librărie

könyvesbolt

magazin

üzlet

florărie

virágüzlet

supermarket

szupermarket

piață

piac

magazin universal

áruház

comerciant de pește

halárus

centru comercial

bevásárló központ

port

kikötő

parc

park

bancă

pad

pod

híd

trepte

lépcsŏ

metrou

metró

tunel

alagút

stație de autobuz

buszmegálló

bar

bár

restaurant

étterem

cutie poștală

postaláda

tăbliță indicatoare cu
numele străzii

utcatábla

parcometru

parkoló óra

grădină zoologică

állatkert

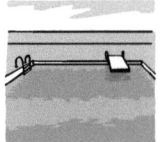

piscină

uszoda

moschee

mecset

gospodărie țărănească

gazdálkodás

poluare

környezetszennyezés

cimitir

temető

biserică

templom

loc de joacă

játszótér

templu

szentély

peisaj
táj

frunză / levél

indicator / útjelző tábla

drum / út

pajiște / rét

piatră / kő

copac / fa

drumeț / túrázó

râu / folyó

iarbă / fű

floare / virág

vale

völgy

deal

domb

lac

tó

pădure

erdő

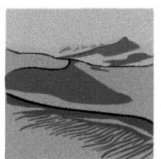

deșert

sivatag

vulcan

vulkán

castel

kastély

curcubeu

szivárvány

ciupercă

gomba

palmier

pálmafa

țânțar

szúnyog

muscă

légy

furnică

hangya

albină

méhecske

păianjen

pók

gândac

bogár

broască

béka

veveriţă

mókus

arici

sündisznó

iepure

nyúl

bufniţă

bagoly

pasăre

madár

lebădă

hattyú

porc mistreţ

vaddisznó

cerb

szarvas

elan

rénszarvas

dig

gát

turbină eoliană

szélturbina

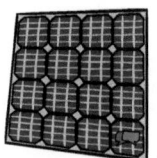

panou solar

napelem

climă

éghajlat

restaurant
étterem

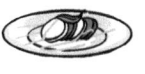

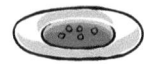

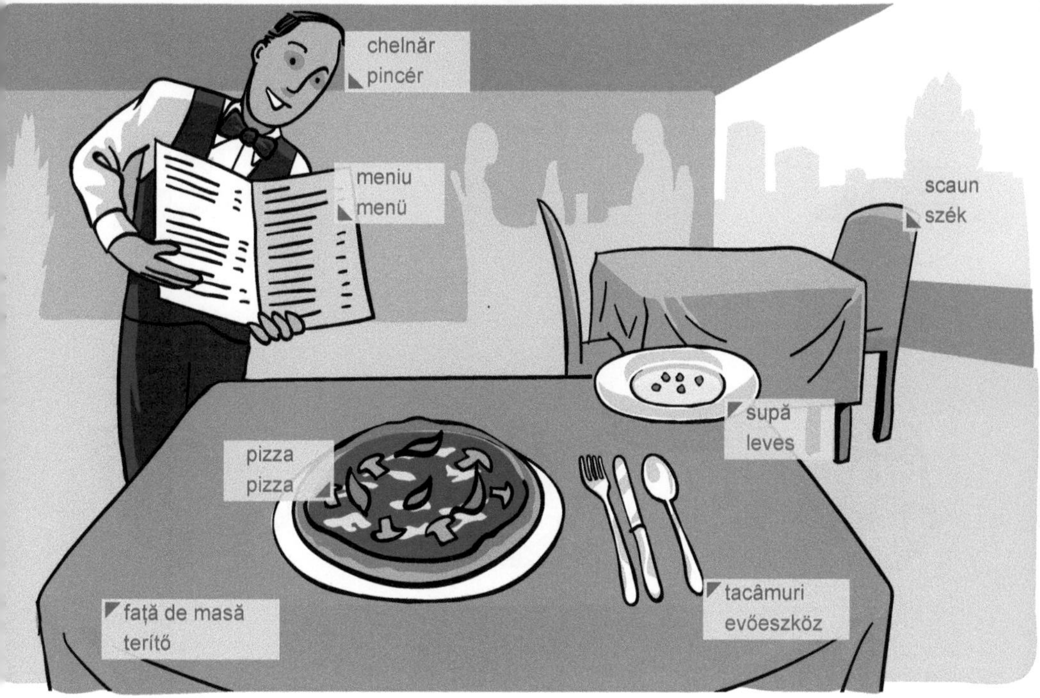
chelnăr
pincér
meniu
menü
scaun
szék
supă
leves
pizza
pizza
tacâmuri
evőeszköz
față de masă
terítő

antreu

előétel

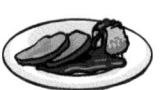

fel principal

főétel

desert

desszert

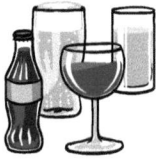

băuturi

italok

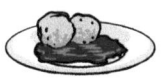

mâncare

étel

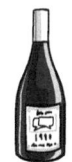

sticlă

üveg

fastfood

gyorsétel

streetfood

gyorsétel

ceainic

teás kanna

zaharniță

cukortartó

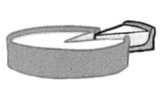

porție

adag

espressor

eszpresszógép

scaun înalt (pentru copii)

bárszék

factură

számla

tavă

tálca

cuțit

kés

furculiță

villa

lingură

kanál

linguriță

teáskanál

șervețel

szalvéta

pahar

pohár

farfurie

tányér

farfurie de supă

leveses tányér

farfurie

csészealj

sos

szósz

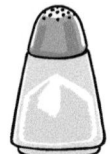

solniță

sószóró

râșniță de piper

borsőrlő

oțet

ecet

ulei

étkezési olaj

condimente

fűszerek

ketchup

ketchup

muștar

mustár

maioneză

majonéz

supermarket
szupermarket

ofertă
különleges ajánlat
FOR
client
ügyfél
produse lactate
tejtermék
fructe
gyümölcsök
cărucior de cumpărături
bevásárló kocsi

BUTCHERS

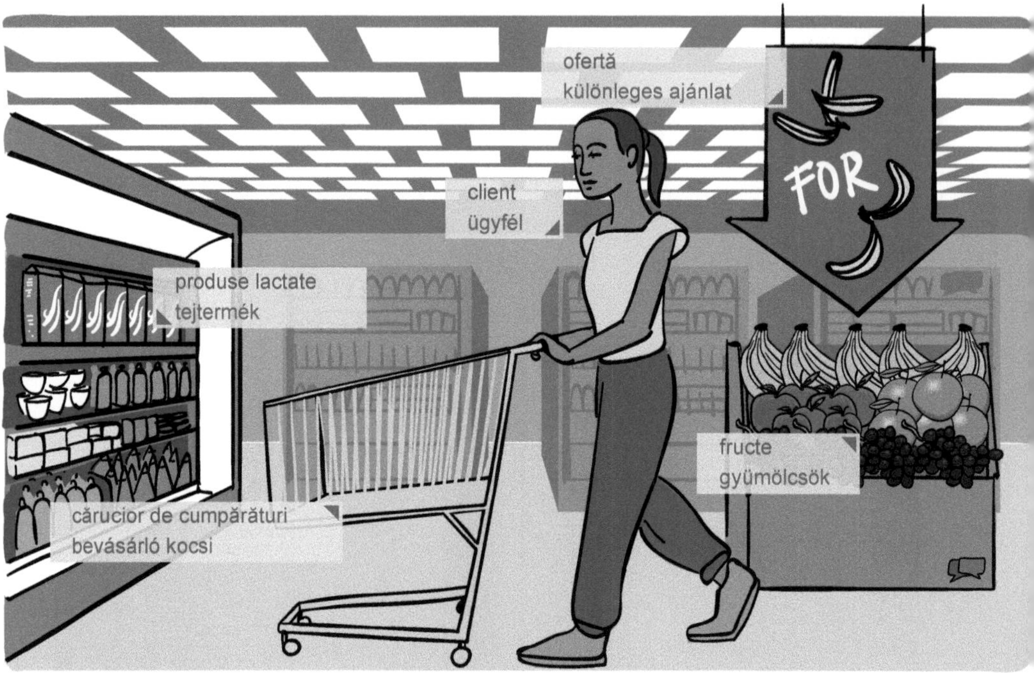

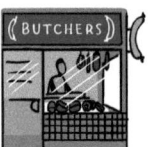

măcelărie
....
hentes

BAKERY

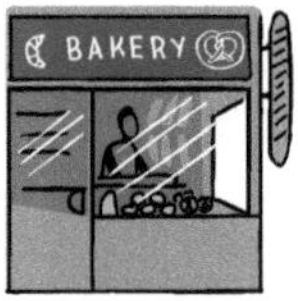

brutărie
....
pékség

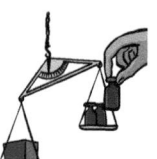

a cântări
....
nyom valamennyit

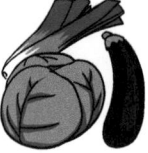

legume
....
zöldség

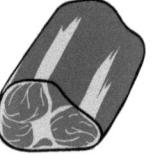

carne
....
hús

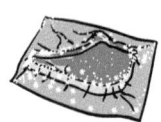

alimente refrigerate
....
fagyasztott áru

mezeluri şi brânzeturi feliate
....
felvágott

conserve
....
konzerv

detergent
....
mosópor

dulciuri
....
édességek

articole de menaj
....
háztartási termék

produse de curăţenie
....
tisztítószerek

vânzătoare
....
eladó

casă
....
pénztárgép

casier
....
eladó

listă de cumpărături
....
bevásárló lista

orar
....
nyitva tartás

portmoneu
....
levéltárca

carte de credit
....
hitelkártya

geantă
....
zacskó

pungă de plastic
....
műanyag zacskó

apă
....
víz

suc
....
gyümölcslé

lapte
....
tej

cola
....
kóla

vin
....
bor

bere
....
sör

alcool
....
alkohol

cacao
....
kakaó

ceai
....
tea

cafea
....
kávé

espresso
....
eszpresszó

cappucino
....
kapucsínó

banane

banán

măr

alma

portocală

narancs

pepene

sárgadinnye

lămâie

citrom

morcov

sárgarépa

usturoi

fokhagyma

bambus

bambusz

ceapă

hagyma

ciupercă

gomba

nuci

magvak

paste făinoase

nokedli

spagheti

spagetti

orez

rizs

salată

saláta

cartofi prăjiţi

sült krumpli

cartofi ţărăneşti

sült burgonya

pizza

pizza

hamburger

hamburger

sandwich

szendvics

şniţel

hússzelet

şuncă

sonka

salam

szalámi

cârnaţi

kolbász

pui

csirke

friptură

pecsenye

peşte

hal

fulgi de ovăz

zabkása

musli

müzli

cereale

kukoricapehely

făină

liszt

corn

croissant

chifle

zsemle

pâine

kenyér

pâine prăjită

pirítós kenyér

biscuiți

keksz

unt

vaj

brânză de vaci

túró

prăjitură

sütemény

ou

tojás

ouă ochiuri

tükörtojás

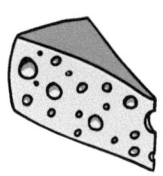

brânză

sajt

îngheţată

jégkrém

zahăr

cukor

miere

méz

marmeladă

lekvár

cremă nuga

mogyorókrém

curry

curry

gospodărie țărănească
gazdálkodás

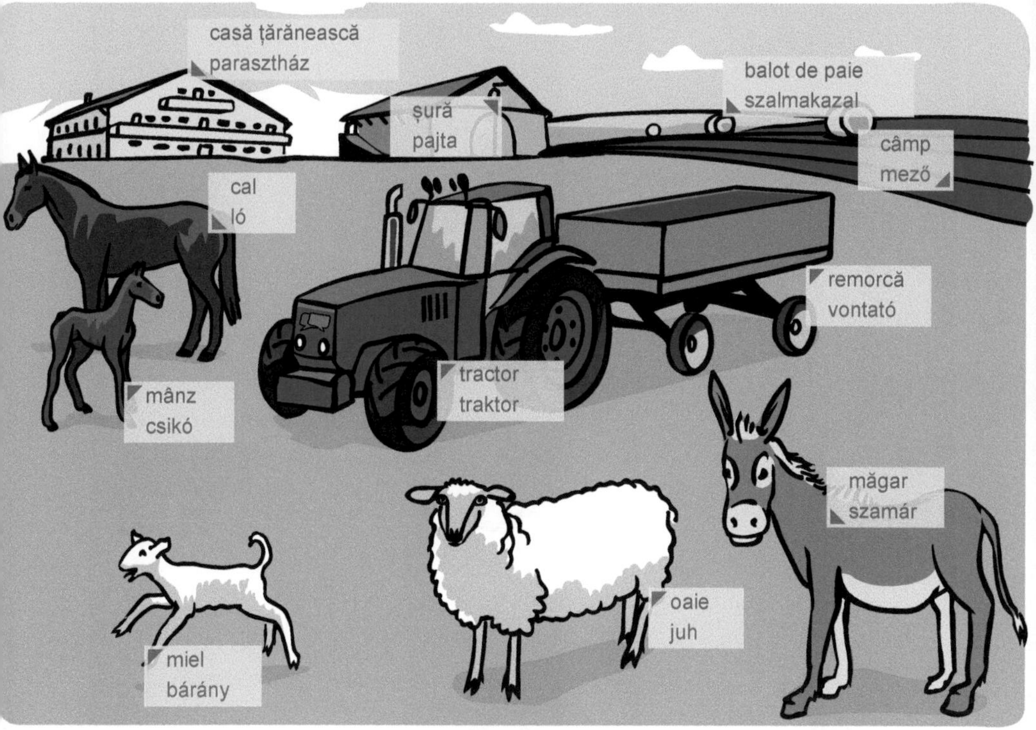
casă țărănească
parasztház
șură
pajta
balot de paie
szalmakazal
câmp
mező
cal
ló
remorcă
vontató
tractor
traktor
mânz
csikó
măgar
szamár
oaie
juh
miel
bárány

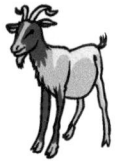

capră
kecske

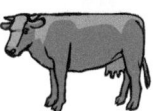

vacă
tehén

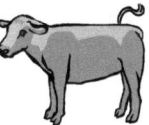

vițel
borjú

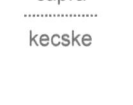

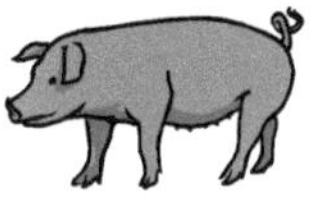

porc
malac

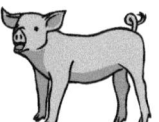

purcel
kismalac

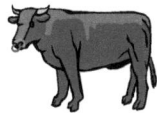

taur
bika

găină

liba

rață

kacsa

pui

csibe

găină

tojó

cocoș

kakas

șobolan

patkány

pisică

macska

șoarece

egér

bou

ökör

câine

kutya

cușcă

kutyaház

furtun de grădină

kerti öntözőcső

stropitoare

öntözőkanna

coasă

kasza

plug

eke

seceră

sarló

sapă

kapa

furcă

vasvilla

secure

fejsze

roabă

talicska

troacă

teknő

cană pentru lapte

tejes kancsó

sac

zsák

gard

kerítés

grajd

istálló

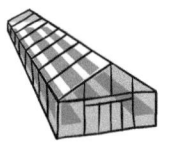

seră

üvegház

sol

talaj

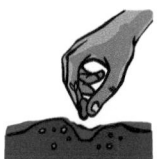

sămânţă

vetőmag

fertilizator

trágya

combină de treierat

cséplőgép

a culege

szüretelni

recoltă

betakarítás

cartof yam

yamgyökér

grâu

búza

soia

szója

cartof

burgonya

porumb

kukorica

rapiță

repcemag

pom fructifer

gyümölcsfa

manioc

manióka

cereale

gabona

casă
ház

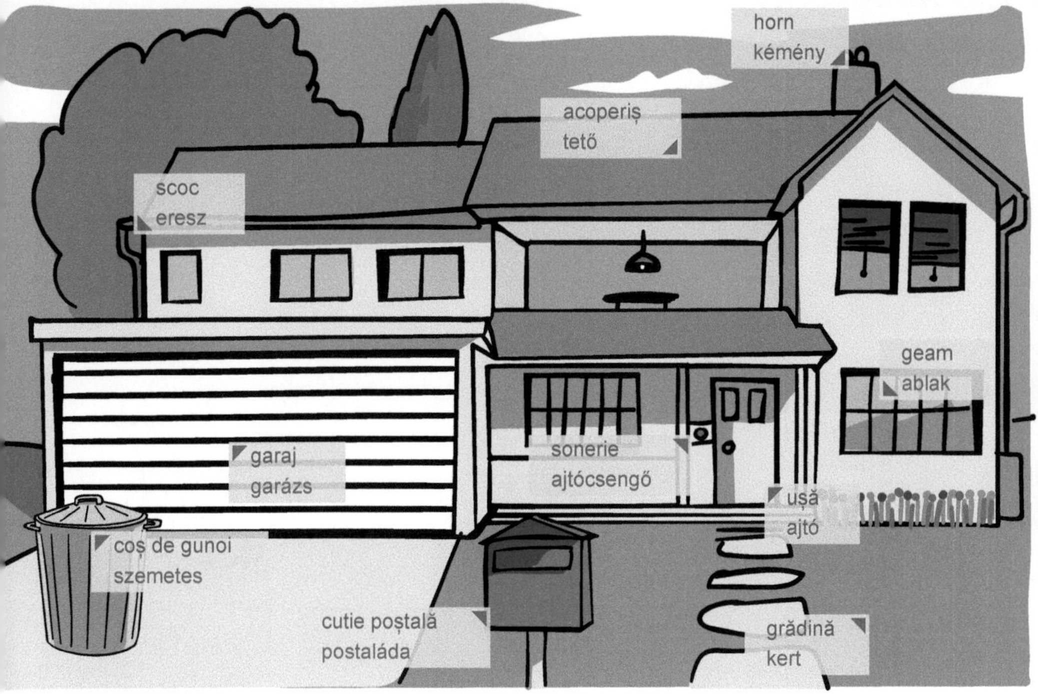

horn
kémény
acoperiș
tető
scoc
eresz
geam
ablak
garaj
garázs
sonerie
ajtócsengő
ușă
ajtó
coș de gunoi
szemetes
cutie poștală
postaláda
grădină
kert

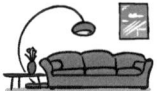

cameră de zi

nappali

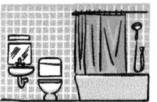

baie

fürdőszoba

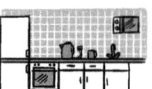

bucătărie

konyha

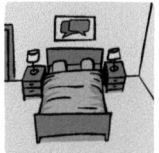

dormitor

hálószoba

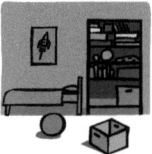

camera copiilor

gyerekszoba

sufragerie

ebédlő

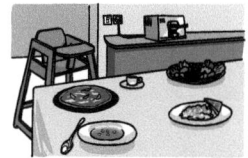

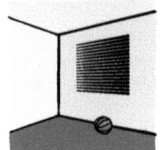

podea

padló

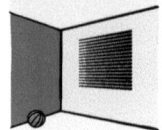

perete

fal

tavan

plafon

pivniță

pince

saună

szauna

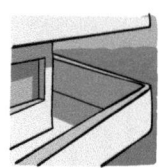

balcon

erkély

terasă

terasz

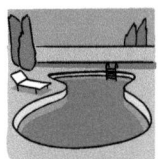

piscină

medence

mașină de tuns iarba

fűnyíró

cearșaf

lepedő

cuvertură

ágytakaró

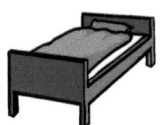

pat

ágy

mătură

seprű

găleată

vödör

întrerupător

kapcsoló

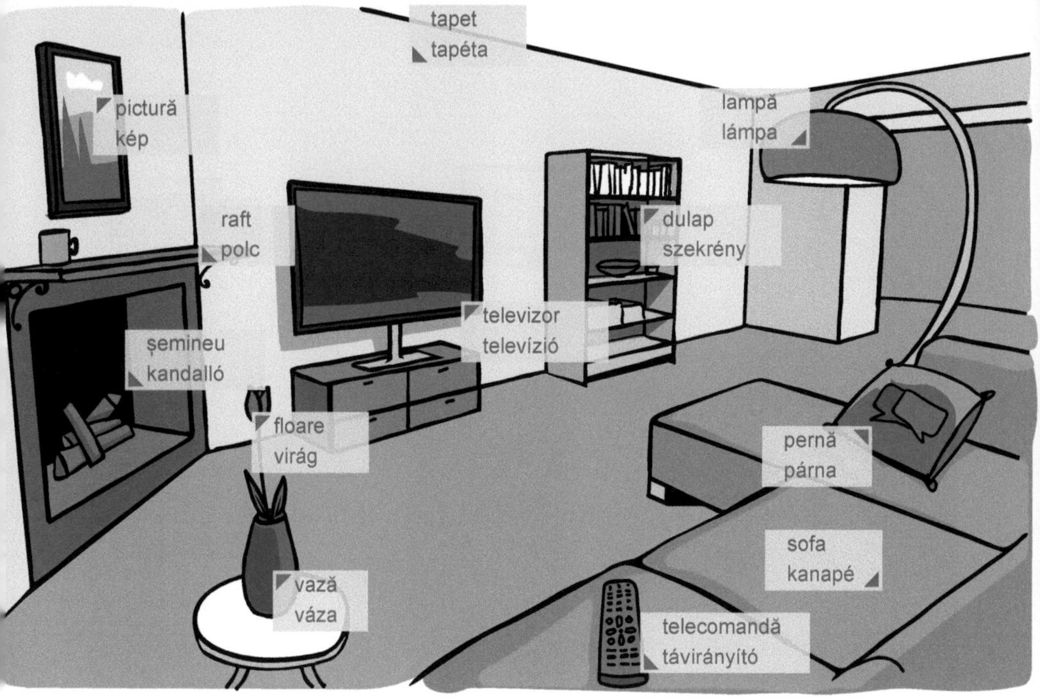

tapet
tapéta

pictură
kép

lampă
lámpa

raft
polc

dulap
szekrény

televizor
televízió

şemineu
kandalló

floare
virág

pernă
párna

sofa
kanapé

vază
váza

telecomandă
távirányító

covor
szőnyeg

perdea
függöny

masă
asztal

scaun
szék

balansoar
hintaszék

fotoliu
karosszék

carte

könyv

pătură

takaró

decoraţiune

dekoráció

lemn de foc

tűzifa

film

film

instalaţie stereo

hifi

cheie

kulcs

ziar

újság

desen

festmény

poster

poszter

radio

rádió

caiet de notiţe

jegyzetfüzet

aspirator

porszívó

cactus

kaktusz

lumânare

gyertya

bucătărie
konyha

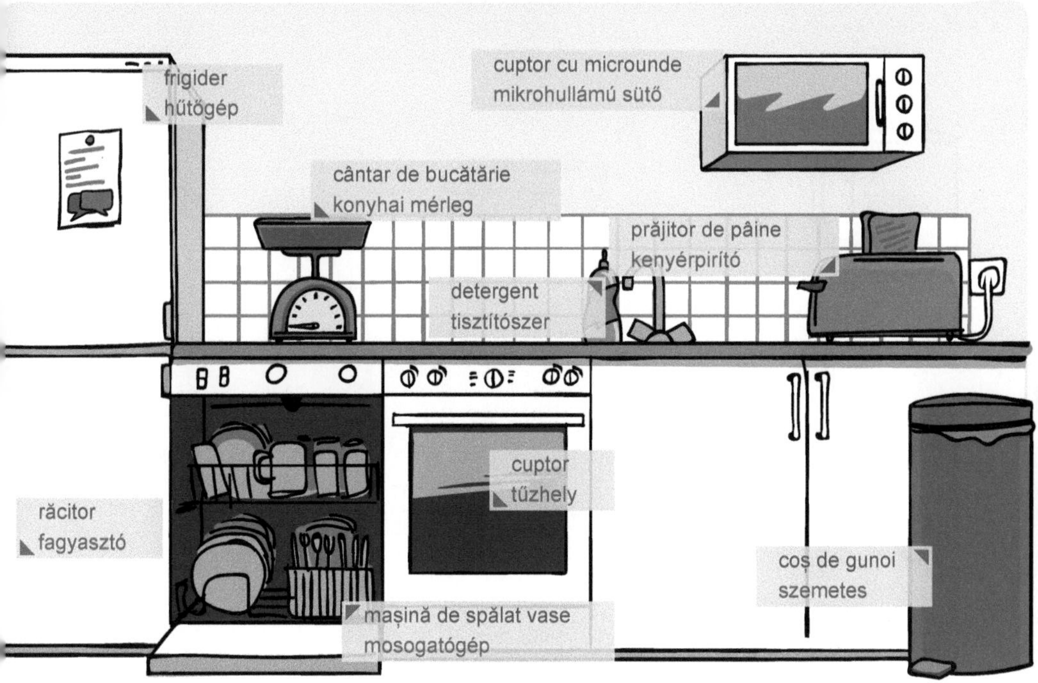

frigider
hűtőgép
cuptor cu microunde
mikrohullámú sütő
cântar de bucătărie
konyhai mérleg
prăjitor de pâine
kenyérpirító
detergent
tisztítószer
cuptor
tűzhely
răcitor
fagyasztó
coș de gunoi
szemetes
mașină de spălat vase
mosogatógép

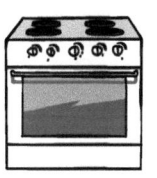

cuptor
tűzhely

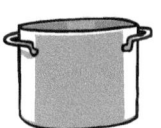

oală
edény

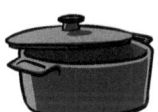

oală de metal
vasfazék

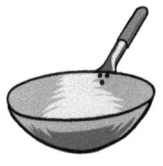

wok/kadai
wok / kadai

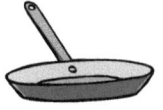

tigaie
serpenyő

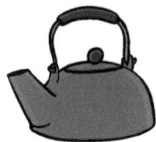

ceainic
vízforraló

oală de gătit cu aburi

pároló

tavă de copt

tepsi

veselă

étkészlet

pahar

bögre

bol

tálka

bețișoare

evőpálcika

polonic

merőkanál

spatulă

keverőlapátka

tel

habverő

sită

szűrő

sită

szita

răzătoare

reszelő

mojar

mozsár

grătar

grillsütő

loc pentru grătar

kandalló

tocător
....
vágódeszka

sucitor
....
sodrófa

tirbușon
....
dugóhúzó

conservă
....
doboz

deschizător de conserve
....
konzervnyitó

șervete termice
....
edényfogó

chiuvetă
....
mosogató

perie
....
kefe

burete
....
szivacs

mixer
....
turmixgép

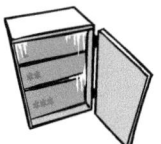

ladă frigorifică
....
mélyhűtő

biberon
....
cumisüveg

robinet
....
csap

baie

fürdőszoba

încălzire
fűtés
duș
zuhany
prosop
törölköző
perdea de duș
zuhanyfüggöny
baie cu spumă
habfürdő
cadă
kád
pahar
pohár
mașină de spălat
mosógép
robinet
csap
gresie
csempe
oală de noapte
bili
chiuvetă
mosogató

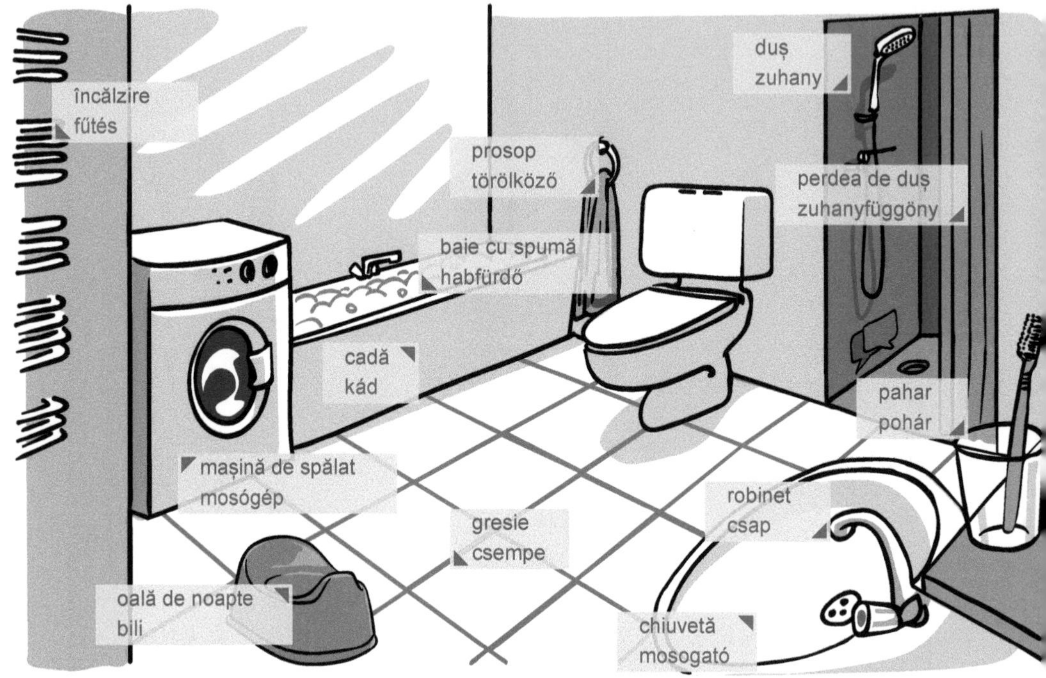

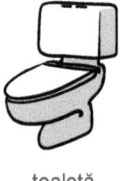

toaletă

toalett

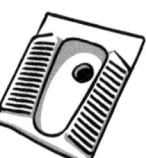

toaletă turcescă

guggolós toalett

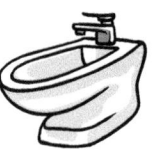

bideu

bidé

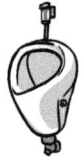

pisoir

piszoár

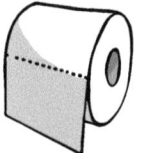

hârtie igienică

toalett papír

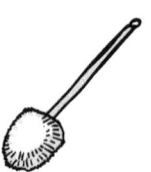

perie de toaletă

wc kefe

periuță de dinți

fogkefe

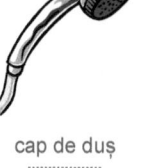

pastă de dinți

fogkrém

ață dentară

fogselyem

a spăla

mosni

cap de duș

kézi zuhany

duș intim

intimzuhany

lavoar

mosdótál

perie pentru spate

hátmosó kefe

săpun

szappan

gel de duș

tusfürdő

șampon

sampon

cârpă de spălat

mosdókesztyű

scurgere

lefolyó

cremă

krém

deodorant

dezodor

oglindă
....
tükör

oglindă cosmetică
....
kézitükör

aparat de ras
....
borotva

spumă de ras
....
borotvahab

aftershave
....
borotválkozás utáni
arcszesz

pieptene
....
fésű

perie
....
hajkefe

uscător de păr
....
hajszárító

fixator
....
hajlakk

machiaj
....
smink

ruj
....
ajakrúzs

lac de unghii
....
körömlakk

vată
....
vatta

foarfece de unghii
....
körömvágó olló

parfum
....
parfüm

neseser

neszesszer

taburet

sámli

cântar

mérleg

halat de baie

köntös

mănuși de cauciuc

gumikesztyű

tampon

tampon

tampon

egészségügyi betét

toaletă chimică

vegyi WC

camera copiilor
gyerekszoba

ceas deșteptător
ébresztő óra
jucărie de pluș
plüssállat
mașină de jucărie
játékautó
morișcă
csörgő
casă de păpuși
babaház
cadou
ajándék

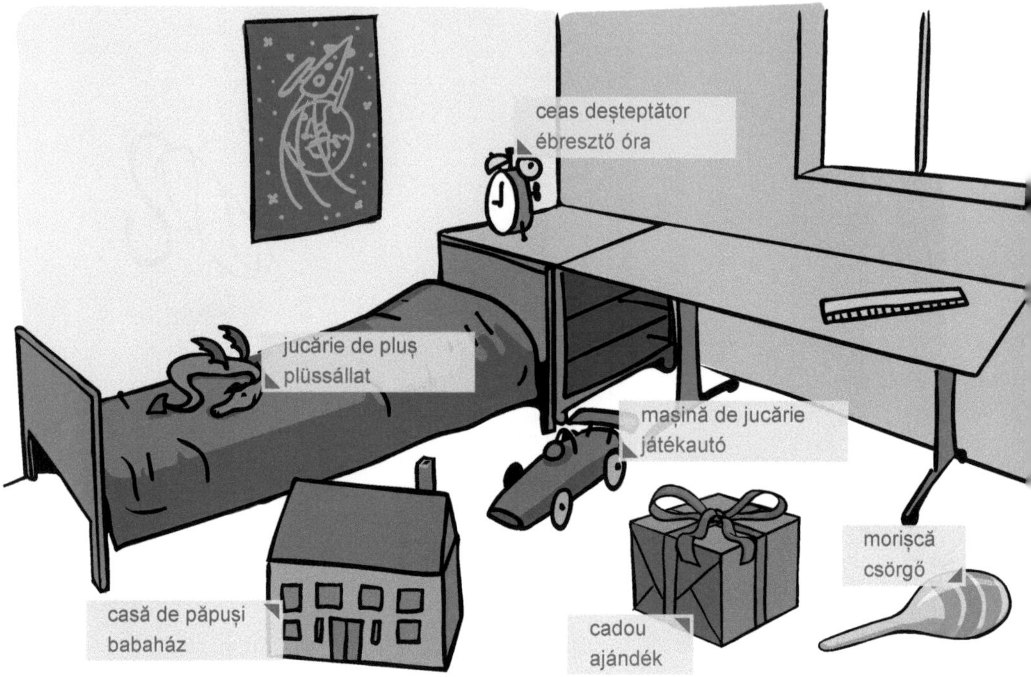

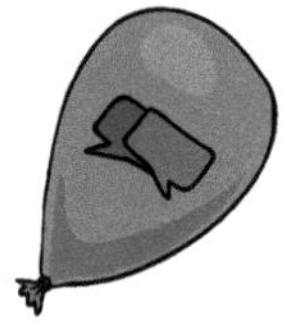

balon
lufi

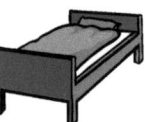

pat
ágy

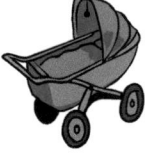

cărucior de copii
babakocsi

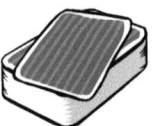

joc de cărți
kártyapakli

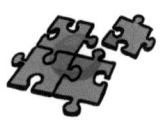

puzzle
kirakós játék

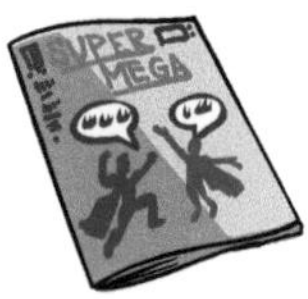

revistă de benzi desenate
képregény

cuburi lego

építőkockák

piese pentru construcţii

építőelem

personaj din filmele de acţiune

szuperhős

body

rugdalózó

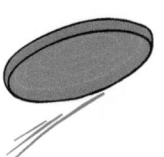

frisbee

frizbi

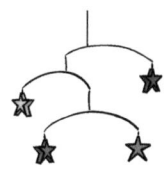

mobil

zenélő forgó

joc de societate

társasjáték

zar

kocka

set trenuleţ de jucărie

modellvasút

suzetă

cumi

petrecere

zsúr

carte cu poze

képeskönyv

minge

labda

păpuşă

baba

a se juca

játszani

groapă de nisip

homokozó

leagăn

hinta

jucării

játékok

consolă video

videójáték konzol

triciletă

tricikli

ursuleț

teddi maci

dulap

ruhásszekrény

îmbrăcăminte

ruházat

șosete

zokni

ciorapi

harisnya

dres

harisnyanadrág

şal
sál

umbrelă
esernyő

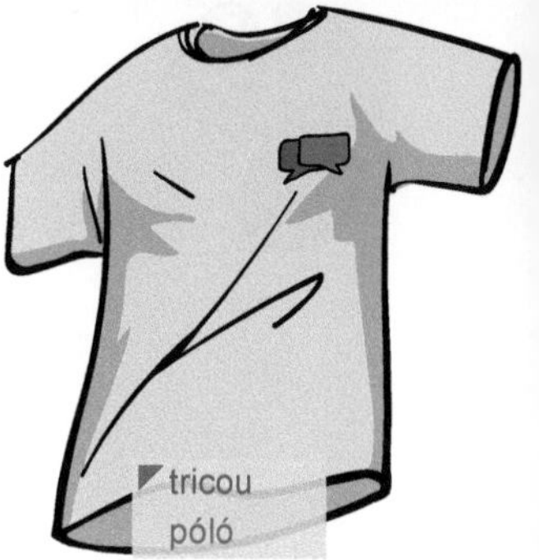

tricou
póló

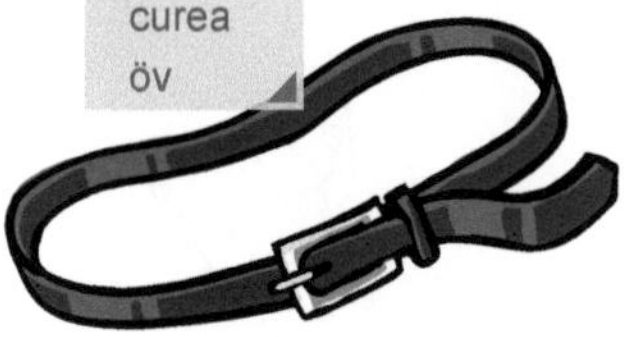

curea
öv

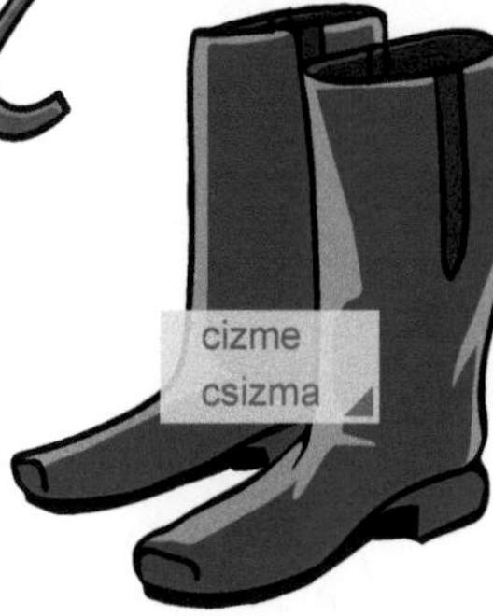

cizme
csizma

papuci
papucs

pantofi sport
tornacipő

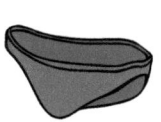

sandale
....
szandál

încălţăminte
....
cipő

cizme de cauciuc
....
gumicsizma

chilot
....
alsónadrág

sutien
....
melltartó

maiou
....
mellény

îmbrăcăminte - ruházat

45

body
body

pantaloni
nadrág

blugi
farmer

fustă
szoknya

bluză
blúz

cămașă
ing

pulover
pulóver

jerseu
kapucnis pulóver

sacou
blézer

jachetă
dzseki

palton
kabát

pelerină de ploaie
esőkabát

costum
kosztüm

rochie
ruha

rochie de mireasă
esküvői ruha

costum

öltöny

cămașă de noapte

hálóing

pijama

pizsama

sari

szári

batic

fejkendő

turban

turbán

burka

burka

caftan

kaftán

abaya

abaya

costum de baie

fürdőruha

șort

fürdőnadrág

pantaloni scurți

rövidnadrág

trening

tréningruha

șorț

kötény

mănuși

kesztyű

nasture

gomb

ochelari

szemüveg

brățară

karkötő

lanț

nyaklánc

inel

gyűrű

cercel

fülbevaló

căciulă

sapka

umeraș

vállfa

pălărie

kalap

cravată

nyakkendő

fermoar

cipzár

cască

bukósisak

bretele

nadrágtartó

uniformă școlară

iskolai egyenruha

uniformă

egyenruha

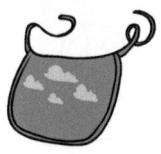

bavețică

előke

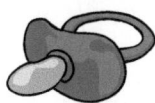

suzetă

cumi

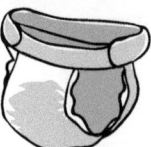

scutec

pelenka

birou
iroda

server
szerver
dulap de acte
irattartó szekrény
imprimantă
nyomtató
hârtie
papír
monitor
képernyő
mouse
egér
masă de birou
íróasztal
fișier
mappa
tastatură
billentyűzet
coș de gunoi
papír-hulladék gyűjtő
scaun
szék
computer
számítógép

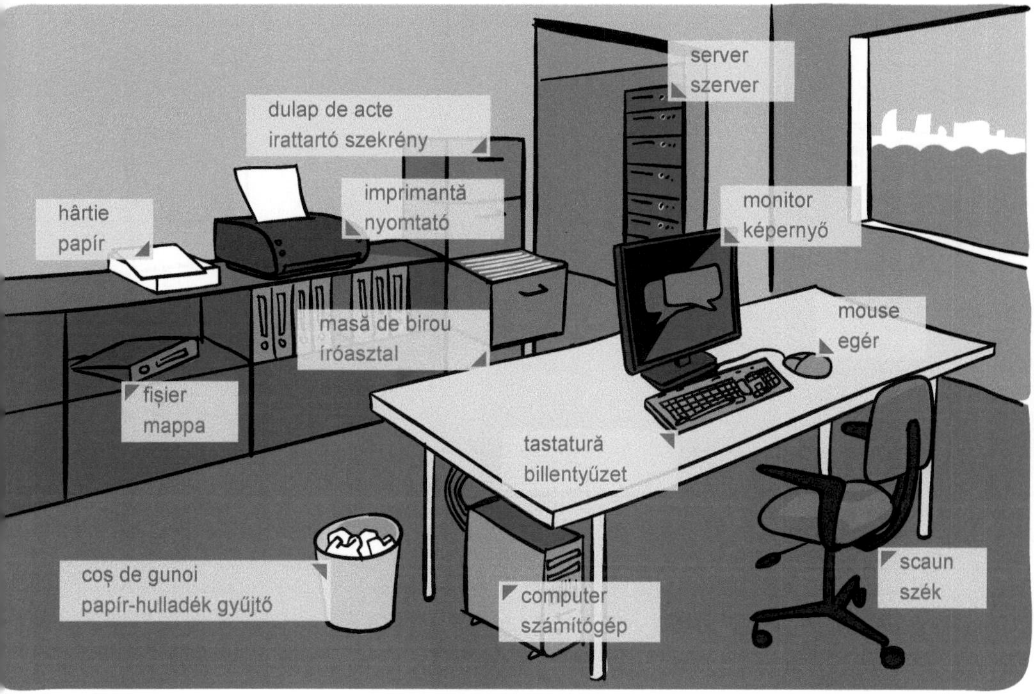

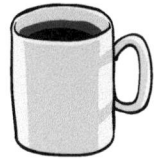

ceașcă de cafea

kávéscsésze

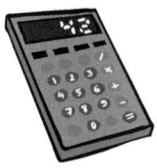

calculator

számológép

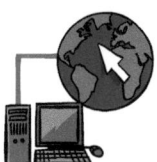

internet

internet

laptop	scrisoare	mesaj
laptop	levél	üzenet

telefon mobil	rețea	copiator
mobiltelefon	hálózat	fénymásoló

software	telefon	priză
szoftver	telefon	konnektor
	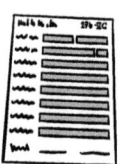	
fax	formular	document
faxgép	formanyomtatvány	dokumentum

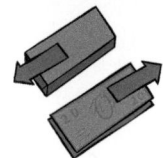

a cumpăra

venni

a plăti

fizetni

a face comerț

kereskedni

bani

pénz

Dolar

dollár

Euro

euró

Yen

jen

Rublă

rubel

Franc Elvețian

svájci frank

renminbi yuan

kínai jüan

Rupie

rúpia

bancomat

bankautomata

casă de schimb valutar

valutaváltó iroda

aur

arany

argint

ezüst

petrol

olaj

energie

energia

preţ

ár

contract

szerződés

impozit

adó

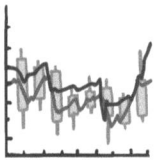

acţiune

részvény

a munci

dolgozni

angajat

munkavállaló

angajator

munkaadó

fabrică

gyár

magazin

üzlet

ocupații
foglalkozások

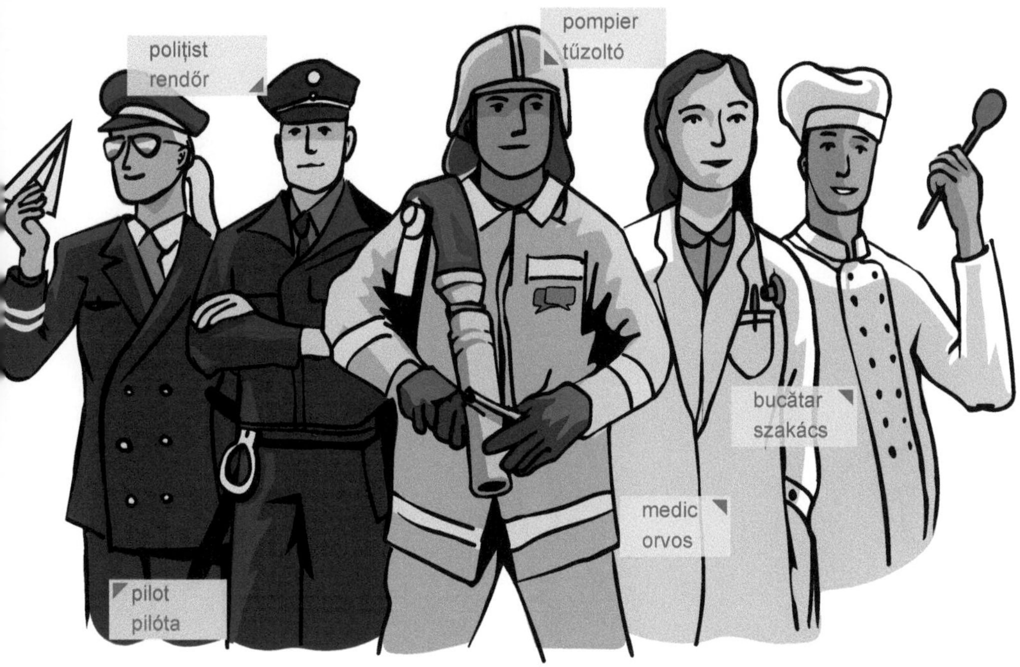

polițist
rendőr
pompier
tűzoltó
bucătar
szakács
medic
orvos
pilot
pilóta

grădinar

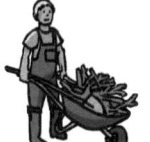

kertész

tâmplar

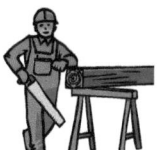

kárpitos

cusătoreasă

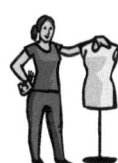

varrónő

judecător

bíró

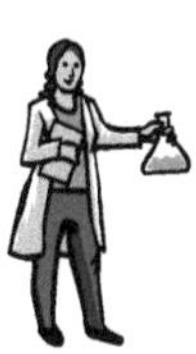

chimist

vegyész

actor

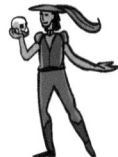

színész

șofer de autobuz

buszsofőr

șofer de taxi

taxisofőr

pescar

halász

femeie de serviciu

bejárónő

tinichigiu

tetőfedő

chelnăr

pincér

vânător

vadász

pictor

festő

brutar

pék

electrician

villanyszerelő

muncitor în construcții

építőmunkás

inginer

mérnök

măcelar

hentes

instalator

vízvezeték-szerelő

poștaș

postás

soldat

katona

arhitect

építész

casier

eladó

florar

virágos

frizer

fodrász

controlor

kalauz

mecanic

műszerész

căpitan

kapitány

stomatolog

fogorvos

om de știință

tudós

rabin

rabbi

imam

imám

călugăr

szerzetes

preot

lelkész

instrumente
szerszámok

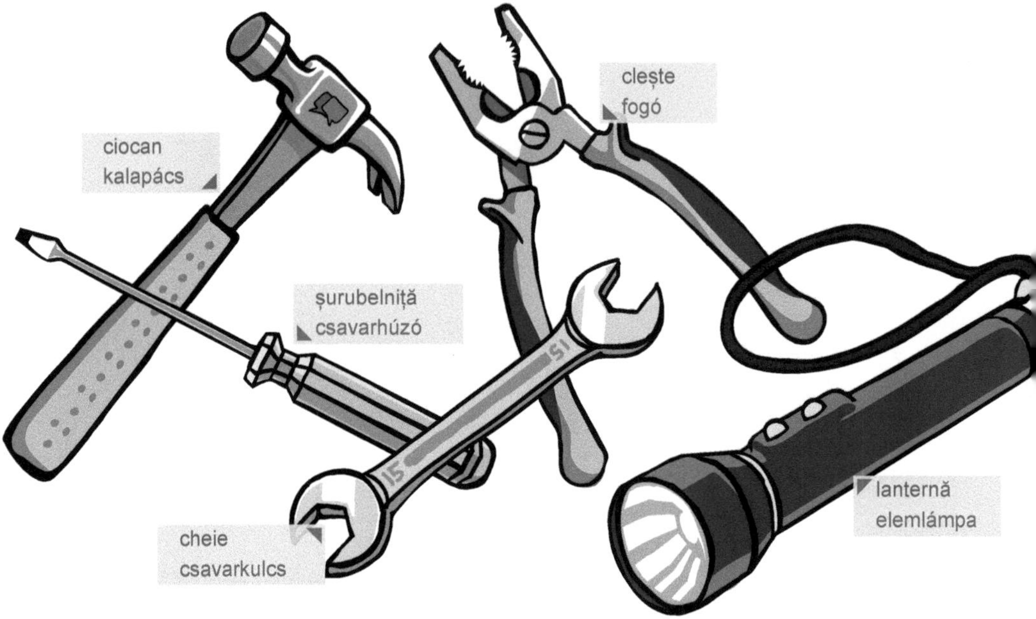

ciocan
kalapács
clește
fogó
șurubelniță
csavarhúzó
cheie
csavarkulcs
lanternă
elemlámpa

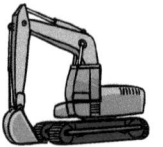

excavator

markológép

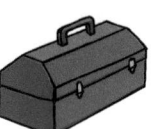

cutie de scule

szerszámosláda

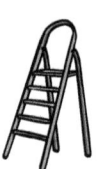

scară

vödör

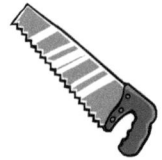

ferăstrău

fűrész

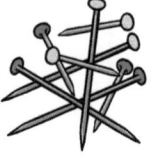

cuie

szög

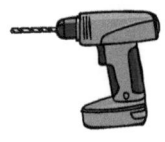

burghiu

fúrógép

a repara

megjavítani

lopată

lapát

La naiba!

A francba!

făraş

szemétlapát

vas pentru vopsea

festékesdoboz

şuruburi

csavar

instrumente muzicale
hangszerek

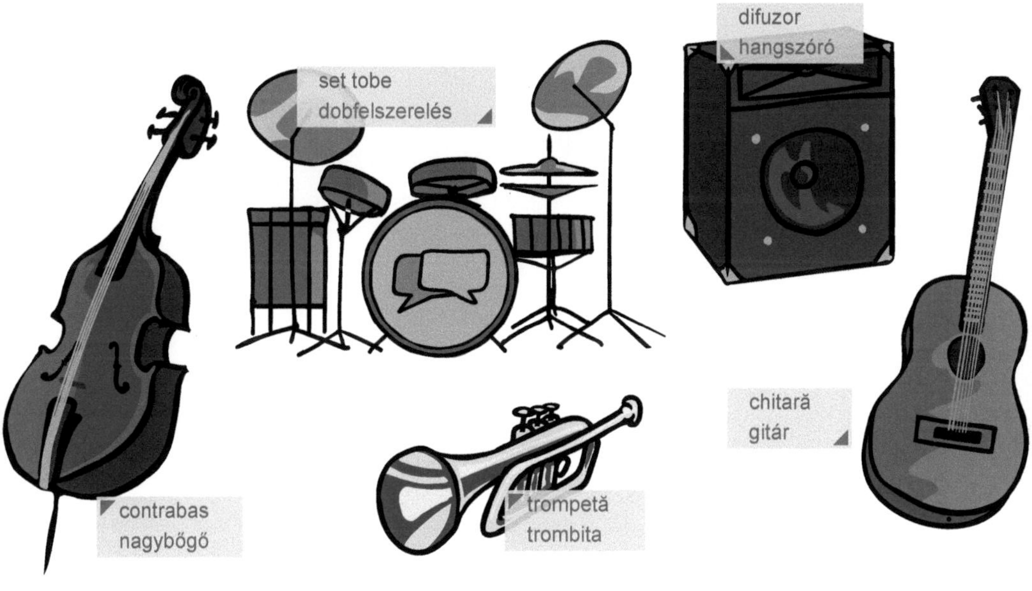

set tobe
dobfelszerelés

difuzor
hangszóró

chitară
gitár

contrabas
nagybőgő

trompetă
trombita

pian
....
zongora

vioară
....
hegedű

bas
....
basszusgitár

trombon
....
üstdob

tobă
....
dobok

keyboard
....
digitális zongora

saxofon
....
szaxofon

fluier
....
fuvola

microfon
....
mikrofon

grădină zoologică
állatkert

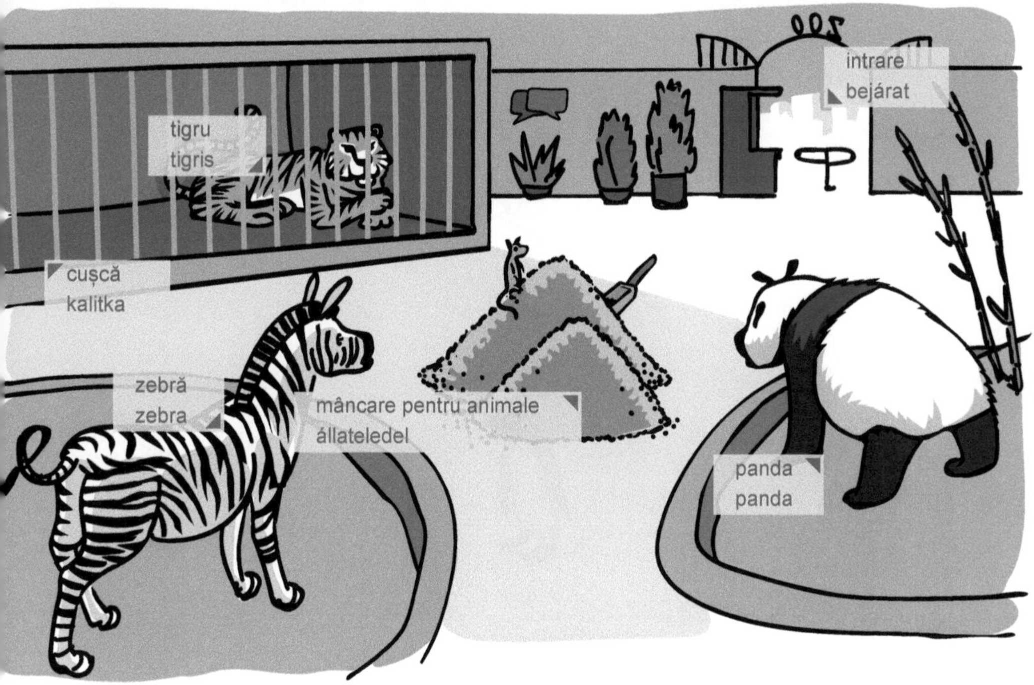
intrare
bejárat
tigru
tigris
cușcă
kalitka
zebră
zebra
mâncare pentru animale
állateledel
panda
panda

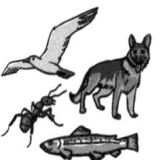

animale
állatok

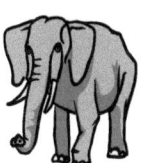

elefant
elefánt

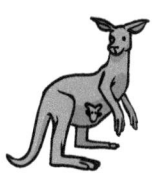

cangur
kenguru

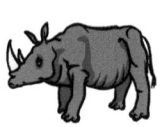

rinocer
orrszarvú

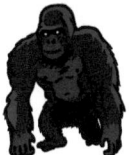

gorilă
gorilla

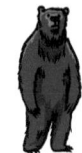

urs
medve

cămilă

teve

struț

strucc

leu

oroszlán

maimuță

majom

flamingo

flamingó

papagal

papagáj

urs polar

jegesmedve

pinguin

pingvin

rechin

cápa

păun

páva

șarpe

kígyó

crocodil

krokodil

îngrijitor grădina zoologică

állatgondozó

focă

fóka

jaguar

jaguár

ponei

póniló

leopard

leopárd

hipopotam

víziló

girafă

zsiráf

acvilă

sas

porc mistreț

vaddisznó

pește

hal

broască țestoasă

teknős

morsă

rozmár

vulpe

róka

gazelă

gazella

fotbal american
amerikai futball

ciclism
kerékpározás

tenis
tenisz

basketball
kosárlabda

înot
úszás

box
boksz

hockey pe gheață
jégkorong

fotbal
futball

badminton
tollas

atletism
atlétika

handbal
kézilabda

schi
síelés

polo
lovaspóló

activități
tevékenységek

a sări
ugrani
a îmbrățișa
ölelni
a râde
nevetni
a merge
sétálni
a cânta
énekelni
a visa
álmodni
a se ruga
dicsérni
a săruta
csókolni

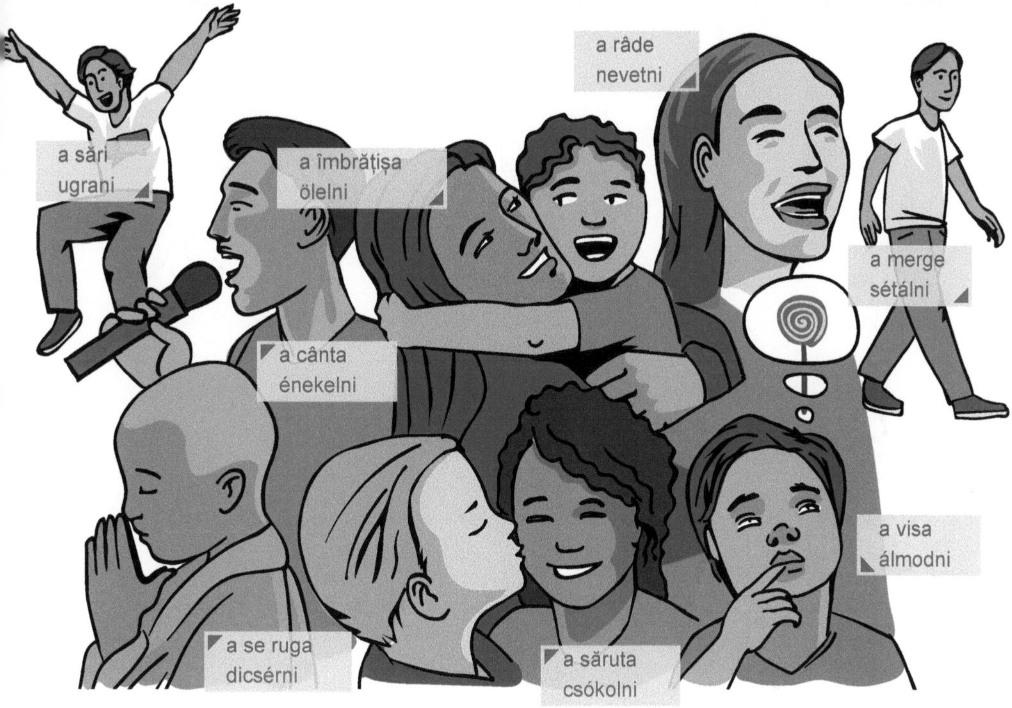

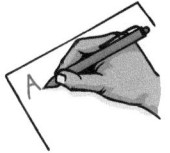

a scrie
....
írni

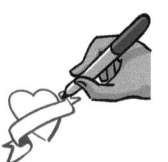

a desena
....
rajzolni

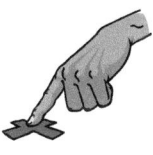

a arăta
....
mutatni

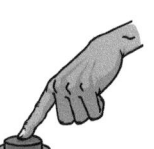

a împinge
....
tolni

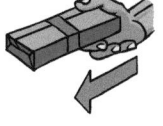

a da
....
adni

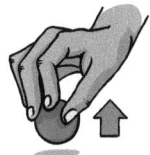

a lua
....
vinni

a avea

birtokolni

a face

csinálni

a fi

lenni

a sta în picioare

állni

a fugi

futni

a trage

húzni

a arunca

hajít

a cădea

esni

a sta întins

hazudni

a aştepta

várni

a purta

vinni

a şedea

ülni

a se îmbrăca

felvenni

a dormi

aludni

a se trezi

felébredni

a privi

ránézni

a plânge

sírni

a mângâia

simogat

a se pieptăna

fésülni

a vorbi

beszélni

a înţelege

megérteni

a întreba

kérdezni

a asculta

hallgatni

a bea

inni

a mânca

enni

a face ordine

takarítani

a iubi

szeretni

a găti

főzni

a conduce

vezetni

a zbura

szállni

a naviga

vitorlázni

a calcula

számol

a citi

olvasni

a învăţa

tanulni

a munci

dolgozni

a se căsători

házasodni

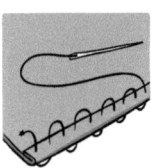

a coase

varrni

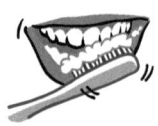

a se spăla pe dinţi

fogat mosni

a ucide

ölni

a fuma

dohányozni

a trimite

küldeni

familie
család

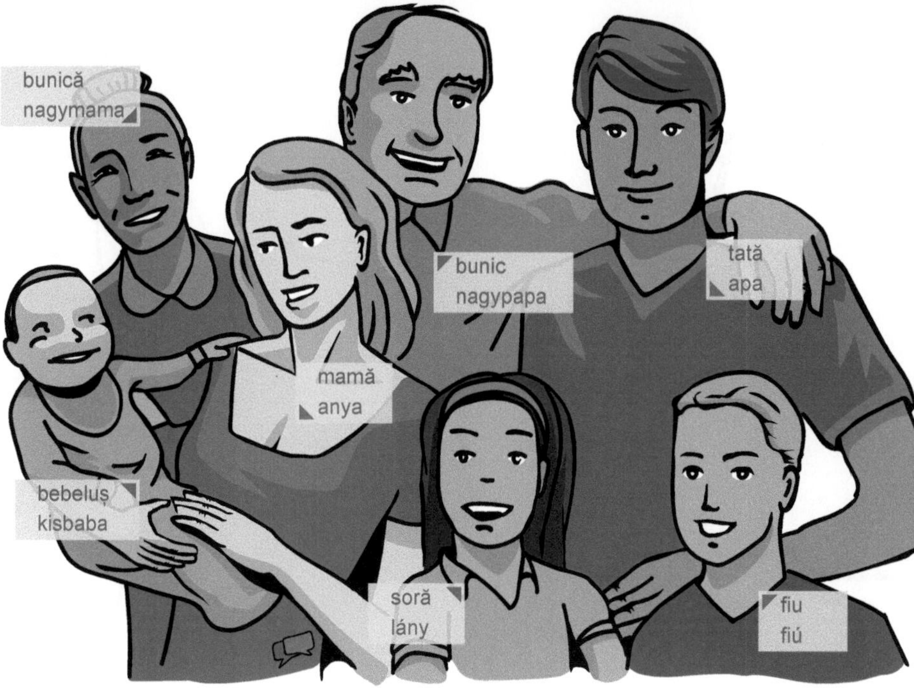
bunică
nagymama
bunic
nagypapa
tată
apa
mamă
anya
bebeluș
kisbaba
soră
lány
fiu
fiú

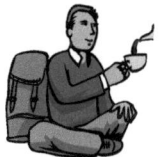

oaspete

vendég

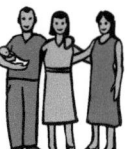

mătușă

nagynéni

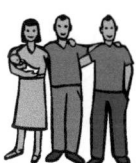

unchi

nagybácsi

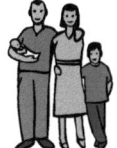

frate

fiútestvér

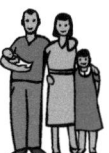

soră

lánytestvér

corp

test

frunte
homlok
ochi
szem
umăr
váll
deget
ujj
față
arc
bărbie
áll
mână
kéz
picior
láb
piept
mell
braț
kar

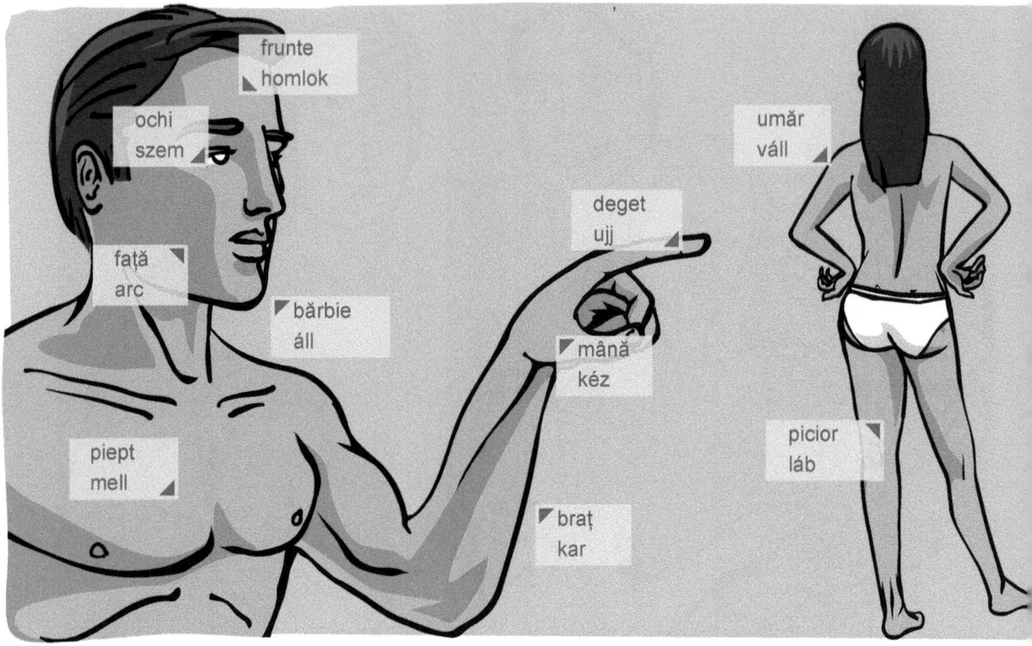

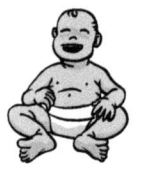

bebeluș

kisbaba

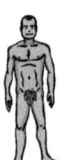

bărbat

ember

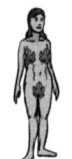

femeie

nő

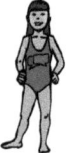

fată

lány

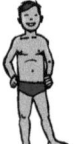

băiat

fiú

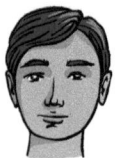

cap

fej

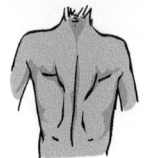

spate

hát

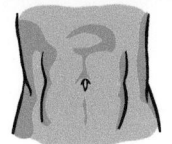

abdomen

has

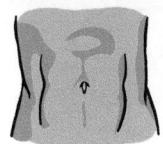

ombilic

köldök

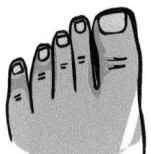

deget de la picior

lábujj

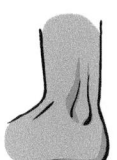

călcâi

sarok

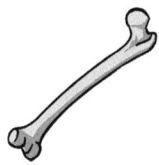

os

csont

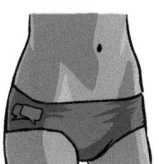

șold

csípő

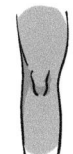

genunchi

térd

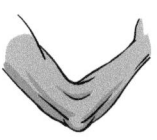

cot

könyök

nas

orr

fund

fenék

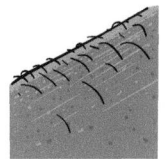

piele

bőr

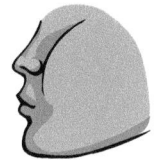

obraz

orca

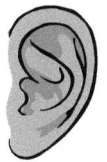

ureche

fül

buză

ajak

gură

szaj

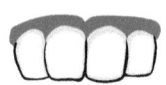

dinte

fog

limbă

nyelv

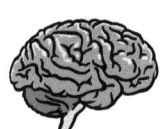

creier

agy

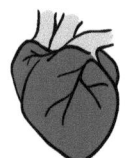

inimă

szív

mușchi

izom

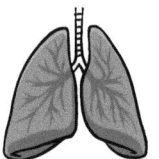

plămân

tüdő

ficat

máj

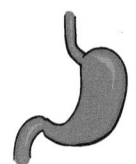

stomac

gyomor

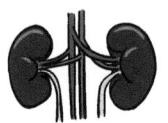

rinichi

vese

sex

szex

prezervativ

kondom

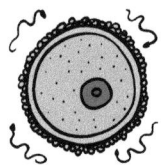

ovul

petesejt

spermă

sperma

sarcină

terhesség

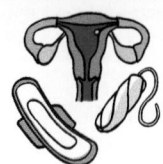

menstruație
menstruáció

vagin
vagina

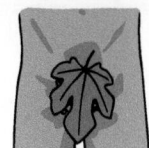

penis
pénisz

sprânceană
szemöldök

păr
haj

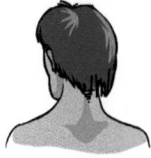

gât
nyak

spital
kórház

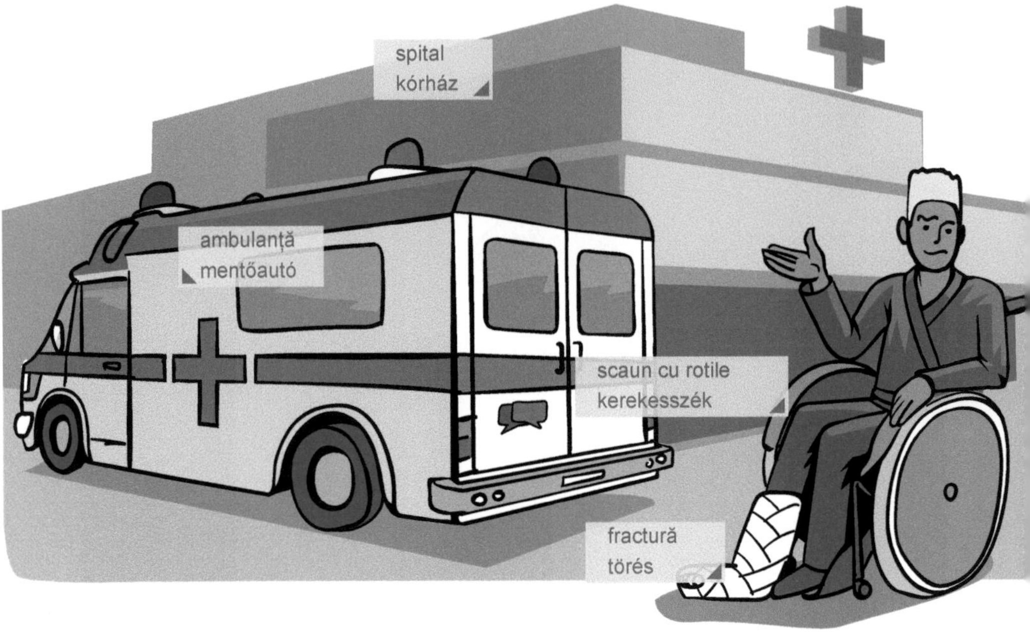

spital
kórház
ambulanță
mentőautó
scaun cu rotile
kerekesszék
fractură
törés

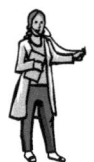

medic
orvos

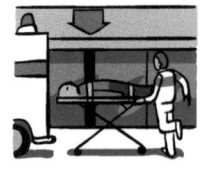

unitate de primiri urgențe
sürgősségi osztály

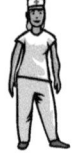

soră medicală
ápoló

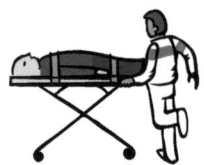

urgență
vészhelyzet

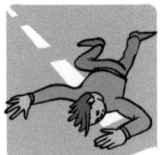

inconștient
eszméletlen

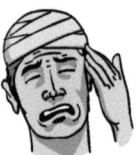

durere
fájdalom

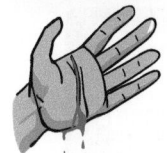

leziune

sérülés

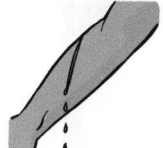

sângerare

vérzés

infarct miocardic

szívroham

atac cerebral

szélütés

alergie

allergia

tuse

köhögés

febră

láz

gripă

influenza

diaree

hasmenés

durere de cap

fejfájás

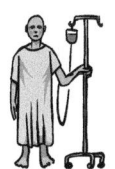

cancer

rák

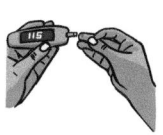

diabet

cukorbetegség

chirurg

sebész

scalpel

szike

operație

műtét

CT

CT

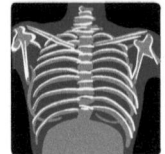

raze Röntgen

röntgen

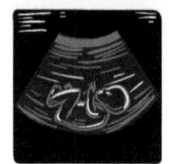

ultrasunet

ultrahang

mască

arcmaszk

boală

betegség

sală de așteptare

váróterem

cârjă

mankó

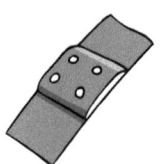

plasture

sebtapasz

bandaj

kötszer

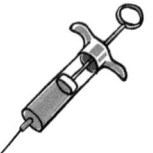

injecție

injekció

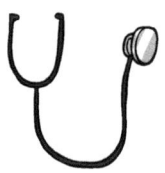

stetoscop

sztetoszkóp

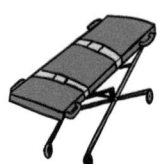

targă

hordágy

termometru

klinikai hőmérő

naștere

születés

supraponderabilitate

túlsúly

aparat auditiv

hallókészülék

dezinfectant

fertőtlenítőszer

infecţie

fertőzés

virus

vírus

HIV/SIDA

HIV/AIDS

medicină

orvosság

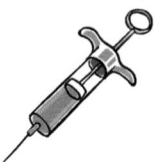

vaccin

oltás

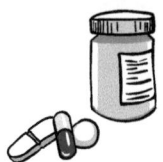

tablete

tabletták

pastilă

tabletta

apel de urgenţă

sürgősségi hívás

aparat de măsurare a
presiunii arteriale

vérnyomásmérő

bolnav/sănătos

betegség / egészség

Ajutor!

Segítség!

alarmă

riasztás

agresiune

rajtaütés

atac

támadás

pericol

veszély

ieșire de urgență

vészkijárat

Foc!

tűz!

extinctor

tűzoltókészülék

accident

baleset

trusă de prim-ajutor

elsősegélycsomag

SOS

SOS

poliție

rendőrség

Europa

Európa

America de Nord

Észak-Amerika

America de Sud

Dél-Amerika

Africa

Afrika

Asia

Ázsia

Australia

Ausztrália

Altantic

Atlanti-óceán

Pacific

Csendes-óceán

Oceanul Indian

Indiai-óceán

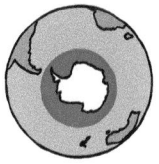

Oceanul Antarctic

Déli-óceán

Oceanul Arctic

Jeges-tenger

Polul Nord

Északi-sark

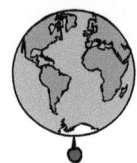

Polul Sud

Déli-sark

Antarctica

Antarktisz

pământ

föld

ţară

szárazföld

mare

tenger

insulă

sziget

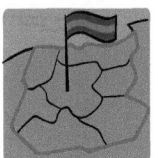

naţiune

nemzet

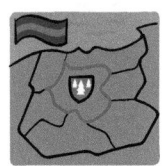

stat

állam

pământ - föld

cadran

számlap

orar

kismutató

minutar

nagymutató

secundar

másodpercmutató

Cât e ceasul?

Mennyi az idő?

zi

nap

timp

idő

acum

most

cead digital

digitális óra

minut

perc

oră

óra

săptămână
hét

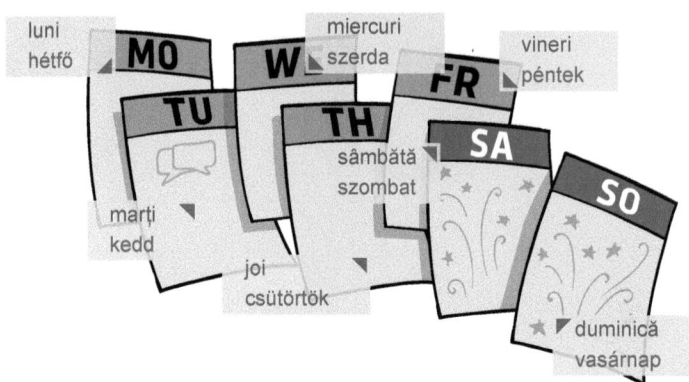

luni / hétfő

marţi / kedd

miercuri / szerda

joi / csütörtök

vineri / péntek

sâmbătă / szombat

duminică / vasárnap

ieri

tegnap

azi

ma

mâine

holnap

dimineaţă

reggel

amiază

dél

seară

este

MO	TU	WE	TH	FR	SA	SU
1	2	3	4	5	6	7
8	9	10	11	12	13	14
15	16	17	18	19	20	21
22	23	24	25	26	27	28
29	30	31	1	2	3	4

zile lucrătoare

hétköznap

MO	TU	WE	TH	FR	SA	SU
1	2	3	4	5	6	7
8	9	10	11	12	13	14
15	16	17	18	19	20	21
22	23	24	25	26	27	28
29	30	31	1	2	3	4

week-end

hétvége

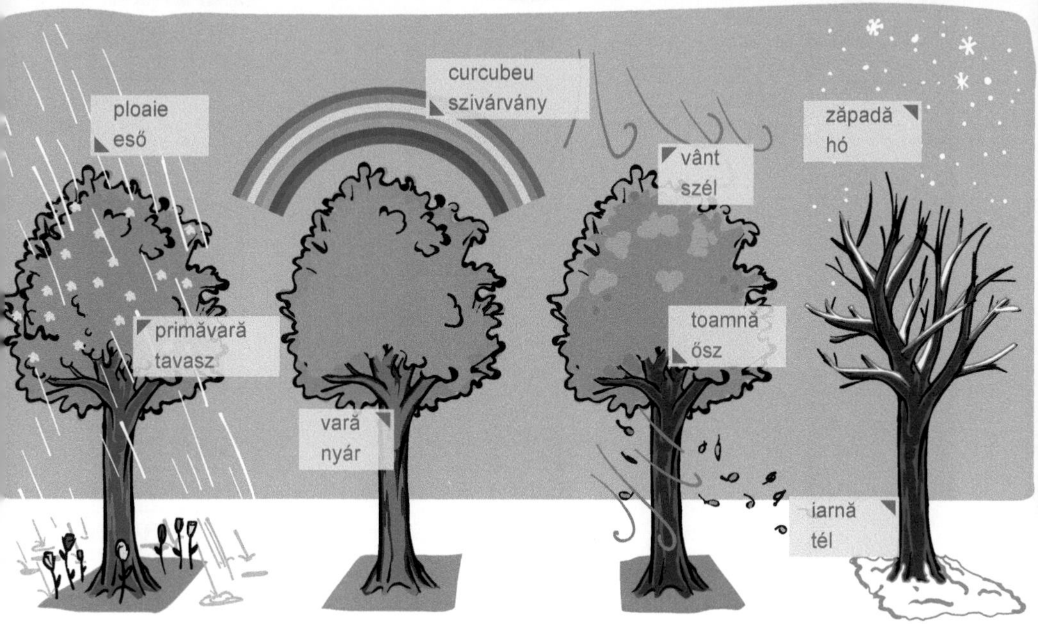

ploaie
eső

curcubeu
szivárvány

vânt
szél

zăpadă
hó

primăvară
tavasz

toamnă
ősz

vară
nyár

iarnă
tél

4.APRIL	11°	☀
5.APRIL	4°	☁
6.APRIL	13°	☁
7.APRIL	8°	☀
8.APRIL	10°	☀

prognoză meteo

idöjárás előrejelzés

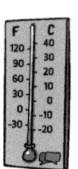

termometru

hőmérő

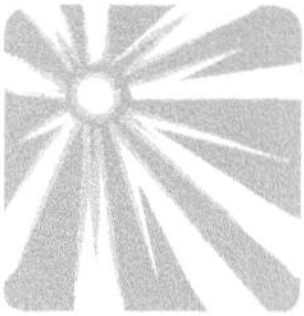

lumina soarelui

napsütés

nor

felhő

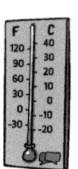

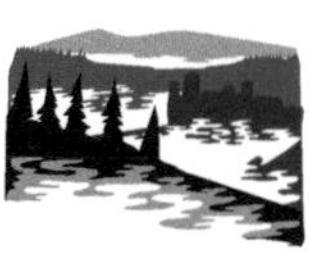

ceață

köd

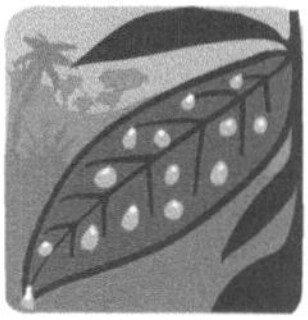

umiditate a aerului

páratartalom

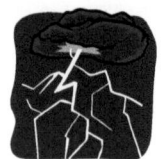

fulger

villámlás

tunet

mennydörgés

furtună

vihar

grindină

jégeső

muson

monszun

inundaţie

áradás

gheaţă

jég

ianuarie

január

februarie

február

martie

március

aprilie

április

mai

május

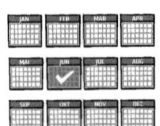

iunie

június

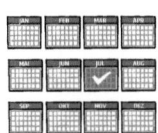

iulie

július

august

augusztus

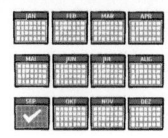

septembrie

szeptember

octombrie

október

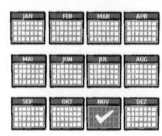

noiembrie

november

decembrie

december

cerc

kör

pătrat

négyzet

dreptunghi

téglalap

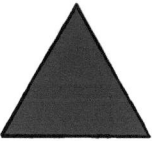

triunghi

háromszög

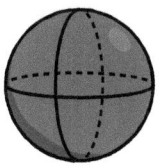

sferă

gömb

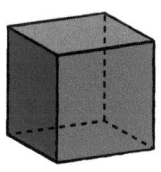

cub

kocka

alb

fehér

galben

sárga

portocaliu

narancs

roz

rózsaszín

roșu

piros

violet

lila

albastru

kék

verde

zöld

maro

barna

gri

szürke

negru

fekete

mult/puţin

sok / kevés

furios/calm

mérges / nyugodt

frumos/urât

szép / csúnya

început/sfârşit

kezdet / vég

mare/mic

nagy / kicsi

luminos/întunecat

világos / sötét

frate/soră

fivér / nővér

curat/murdar

tiszta / koszos

complet/incomplet

teljes / nem teljes

zi/noapte

nappal / éjszaka

mort/viu

halott / élő

lat/strâmt

széles / keskeny

comestibil/necomestibil

ehető / nem ehető

rău/prietenos

gonosz / kedves

emoționat/plictisit

izgatott / unott

gras/slab

kövér / vékony

primul/ultimul

első / utolsó

prieten/inamic

barát / ellenség

plin/gol

teli / üres

tare/moale

kemény / puha

greu/ușor

nehéz / könnyű

foame/sete

éhség / szomjúság

bolnav/sănătos

betegség / egészség

ilegal/legal

illegális / legális

inteligent/stupid

intelligens / buta

stânga/dreapta

bal / jobb

aproape/departe

közel / távol

nou/uzat

új / használt

nimic/ceva

semmi / valami

bătrân/tânăr

idős / fiatal

pornit/oprit

be / ki

deschis/închis

nyitva / zárva

încet/tare

csendes / hangos

bogat/sărac

gazdag / szegény

corect/fals

helyes / helytelen

aspru/neted

érdes / sima

trist/fericit

szomorú / vidám

lung/scurt

rövid / hosszú

încet/repede

lassú / gyors

ud/uscat

nedves / száraz

cald/rece

meleg / hideg

război/pace

háború / béke

0

zero

nulla

1

unu

egy

2

doi

kettő

3

trei

három

4

patru

négy

5

cinci

öt

6

șase

hat

7

șapte

hét

8

opt

nyolc

9

nouă

kilenc

10

zece

tíz

11

unsprezece

tizenegy

12

douăsprezece

tizenkettő

13

treisprezece

tizenhárom

14

paisprezece

tizennégy

15

cincisprezece

tizenöt

16

șaisprezece

tizenhat

17

șaptesprezece

tizenhét

18

optsprezece

tizennyolc

19

nouăsprezece

tizenkilenc

20

douăzeci

húsz

100

o sută

száz

1.000

o mie

ezer

1.000.000

un milion

millió

engleză

angol

engleză americană

amerikai angol

chineza mandarină

mandarin kínai

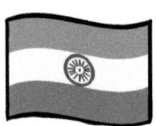

hindi

hindi

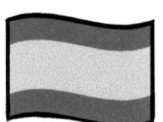

spaniolă

spanyol

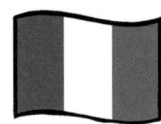

franceză

francia

arabă

arab

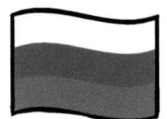

rusă

orosz

protugheză

portugál

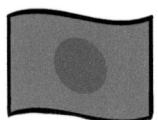

bengaleză

bengáli

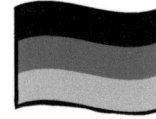

germană

német

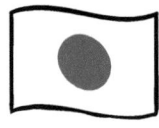

japoneză

japán

eu

én

tu

te

el/ea

ő

noi

mi

voi

ti

ea

ők

cine?

ki?

ce?

mi?

cum?

hogyan?

unde?

hol?

când?

mikor?

nume

név

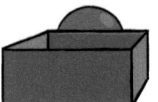

în spate

mögött

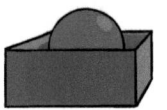

în

benne

înainte

elötte

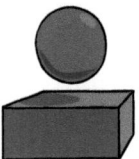

peste

felette

pe

rajta

sub

alatta

lângă

mellett

între

között

loc

hely